VENTE

Du Lundi 7 Avril 1884

HOTEL DROUOT, SALLE N° 5

BEAUX BIJOUX

DIAMANTS

Collection de 80 Éventails

— ∞◦✕◦∞ —

EXPOSITION

Le Dimanche 6 Avril 1884

de une heure à cinq heures.

— ∞◦✕◦∞ —

COMMISSAIRE-PRISEUR	EXPERT
Mᵉ P. CHEVALLIER	**M. B. LASQUIN**
10, rue Grange-Batelière.	*12, rue Laffitte.*

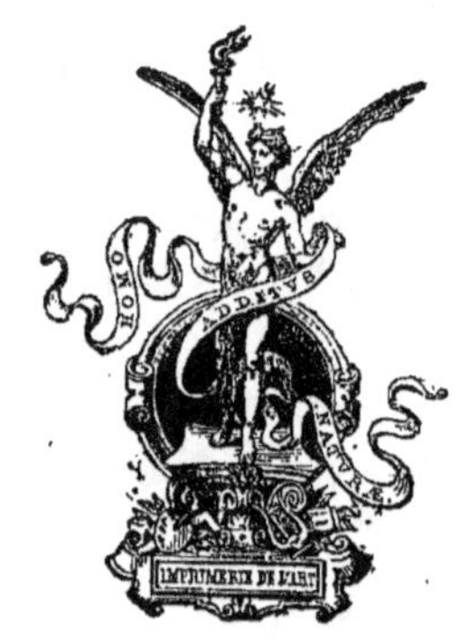

HOMO ADDITVS
IMPRIMERIE DE L'ART

CATALOGUE

DE

BEAUX BIJOUX

BRILLANTS

PIERRES DE COULEUR

COLLECTION DE 80 ÉVENTAILS

DONT LA VENTE AURA LIEU

HOTEL DROUOT, SALLE N° 5

Le Lundi 7 Avril 1884, à 2 heures.

Me PAUL CHEVALLIER
COMMISSAIRE-PRISEUR
10, rue Grange-Batelière, 10

M. B. LASQUIN
EXPERT
12, rue Laffitte, 12

EXPOSITION PUBLIQUE
Le Dimanche 6 Avril 1884
DE UNE HEURE A CINQ HEURES

CONDITIONS DE LA VENTE

———

Elle sera faite au comptant.

Les adjudicataires payeront *cinq pour cent* en sus des enchères.

Aucune réclamation ne sera admise une fois l'adjudication prononcée.

———

Paris —Imp. de l'Art, J. Rouam, 41, rue de la Victoire.

DÉSIGNATION DES OBJETS

1 — Bague d'or formée d'un large corps enrichi
d'une perle et de roses.

2 — Bague d'or avec chaton formé d'une éme-
raude entourée d'un double rang de roses.

3 — Bague d'or marquise de forme amande avec
chaton composé d'un pavé de petits brillants.

4 — Bracelet en or émaillé en noir et enrichi d'un
brillant, de deux perles et d'ornements en
roses.

5 — Grand pendant de cou, coquille onyx ornée
d'une églantine et de feuilles serties en
roses. La fleur et les feuilles soutiennent une
jolie perle fine et peuvent s'utiliser séparément.

6 — Bracelet fond or rouge poli avec applique
d'une branche de roses et brillants pouvant
se démonter.

7 — Jolie bague d'or marquise avec chaton de
forme ovale en brillants et dans le milieu
un saphir.

8 — Bague d'or enrichie d'un brillant ancien et de
deux saphirs.

9 — Demi-parure. Broche et boutons d'oreilles
têtes de chat pavées en roses.

10 — Belle broche, pendant de cou, composée de
trois rangs de brillants et d'un gros brillant
au centre.

11 — Boutons d'oreilles macarons formés de trois
rangs de brillants.

12 — Rivière composée de quarante gros chatons,
brillant avec un fermoir contenant plusieurs
brillants.

13 — Bracelet, devise : « Tout ou rien », en roses
appliquées sur un large corps en or mat.

14-15 — Belle demi-parure fleurs de tilleul. Les
fleurs peuvent se porter séparément. Le haut
des boucles d'oreilles est formé de deux
jolis brillants bien assortis.

16-17 — Broche et boutons d'oreilles émeraudes imi-
tées formant demi-parure. La broche com-
porte sept gros brillants séparés par de
petites palmettes en roses. Les brillants des
boutons forment entourage.

18 — Demi-parure, broche et boutons d'oreilles, en
grenat scarabées sculptés, entourés de brillants.

19 — Très beau bracelet en or, enrichi de quinze
gros brillants.

20 — Bracelet, saphir des Indes entouré de deux
rangs de brillants avec languette de bril·
lants sur le corps.

21 — Broche formant aigrette, composée d'une
étoile avec rayons traversant un croissant,
le tout en brillants.

22 — Broche formant aigrette, bouquet en brillants
composé de fleurs champêtres.

23 — Broche formée de deux rangs de brillants
entourant une perle noire imitée.

24 — Boutons d'oreilles assortis à la broche précé-
dente.

25-26 — Demi-parure, saphirs des Indes, enrichie de
brillants, de perles et de roses.

27 — Joli porte-bonheur formé de quinze brillants
montés sur griffes.

28 — Porte-bonheur formé de treize brillants montés sur griffes.

29 — Flèche agrémentée au milieu d'un nœud ; le
tout est enrichi d'une perle et de brillants.

30 — Éventail en magnifique écaille blonde orné
d'un chiffre en roses.

ÉVENTAILS

31 — Charmant petit éventail en ivoire décoré au vernis genre Martin et représentant Moïse sauvé des eaux, jolie composition avec nombreuses figures. Le revers est décoré d'un paysage boisé.

32 — Éventail Louis XVI, monture ivoire ajouré et doré, feuille en soie peinte à la gouache, décorée de figures Louis XV et de fleurs encadrées de paillettes métalliques.

33 — Éventail à monture de nacre et feuille représentant Mercure instruisant l'Amour.

34 — Éventail Louis XV, monture ivoire à figures et rocailles ajourées, feuille peinte à sujet tiré de la vie de Jésus.

35 — Éventail Louis XV, jolie monture en ivoire ajouré, doré et argenté; feuille à la gouache : grand sujet familier et deux médaillons à paysages encadrés de fleurs et de paillettes, revers décoré.

36 — Éventail Louis XV, monture d'ivoire découpé en torsade à fleurs, feuille à la gouache représentant le Jugement de Pâris; au revers, nymphe dans un paysage.

37 — Très joli éventail Louis XV, monture en nacre ajourée, à figures et rocailles et

décorée en couleurs, à cartel central représentant le Repas des Dieux; la feuille est décorée d'un sujet emprunté à l'Ancien Testament.

38 — Éventail Louis XV, monture ivoire découpé à figures et ornements, gouache à sujet pastoral.

39 — Petit éventail en ivoire finement décoré au vernis Martin, d'une jolie composition, le Concert champêtre; au revers, une Chasse au cerf.

40 — Éventail à monture de nacre gravée et ajourée à sujet mythologique, rehaussé de dorures; la gouache représente Alexandre et la reine des Amazones; revers décoré.

41 — Éventail Louis XV, à monture d'ivoire sculpté, découpé, peint et doré; gouache représentant Ruth et Booz.

42 — Éventail à monture Louis XVI, ivoire ajouré et doré, feuille moderne en soie peinte, représentant les offrandes à l'Amour.

43 — Éventail Louis XV, monture nacre découpée à rehauts d'or et d'argent, feuille à sujet pastoral peint à la gouache.

44 — Joli éventail à monture de nacre sculptée à figures et ornements rehaussés de dorures, feuille peinte décorée d'une composition à nombreuses figures, Princesse sur un trône.

45 — Éventail de la fin Louis XVI, monture ivoire découpé, feuille en parchemin décoré au centre d'un médaillon imprimé en couleur et sur les côtés de rinceaux et bordures à la gouache.

46 — Éventail à monture d'ivoire sculpté et découpé à figures et ornements rocaille; gouache Louis XV, représentant Flore et Zéphyre.

47 — Joli éventail de style Louis XVI à monture de nacre découpée, et feuille peinte représentant un Couple assailli par les Amours.

48 — Éventail Louis XVI, monture ivoire à rehauts de dorure, feuille gouachée représentant trois vues d'Italie.

49 — Éventail à monture de nacre et d'ivoire et feuille à sujet : le Petit Joueur de flûte.

50 — Éventail à monture d'ivoire découpé et feuille peinte, représentant la Fille de Pharaon découvrant Moïse.

51 — Éventail Louis XVI, monture ivoire rehaussée de dorure et feuille gouachée à sujet peint, la Collation, entre deux trophées peints et brodés avec guirlandes de paillettes.

52 — Éventail Louis XV, monture ivoire finement sculptée à figures et ornements; feuille gouachée à sujet champêtre.

53 — Joli éventail Louis XV, à monture d'ivoire
sculptée et ajourée à personnages et ornements, et feuille peinte, représentant Junon
et Vulcain.

54 — Éventail à monture de nacre ajourée à médaillons de style chinois et feuille en dentelle blanche.

55 — Éventail Louis XVI, à monture d'ivoire
ajourée et décorée en couleur et dorure ;
feuille en soie peinte ornée de trois sujets
à figures au milieu d'encadrements en paillettes.

56 — Éventail à monture d'ivoire décorée de fleurs
peintes et de rehauts de dorure avec feuille
représentant Abraham et Agar.

57 — Éventail en ivoire, à gracieux sujet reproduit
sur les deux faces.

58 — Éventail Louis XVI, monture ivoire découpé
et relevé de dorures ; feuille peinte représentant une Scène de théâtre avec personnages costumés à l'orientale.

59 — Éventail à monture d'ivoire peinte à guirlandes et rubans et feuille représentant les
Travaux champêtres.

60 — Éventail à monture Louis XV, en ivoire
découpé, et feuille peinte à sujet biblique.

61 — Éventail Louis XVI, monture ivoire découpé, feuille peinte à sujet pastoral.

62 — Éventail en ivoire, décoré au vernis genre Martin et représentant la reine de Saba reçue par Salomon. Au revers, un sujet Louis XV : la Pêche.

63 — Éventail ivoire, décoré au vernis genre Martin, de cartels à sujets galants encadrés de motifs à paysages en camaïeu bleu et camaïeu rose. Au revers, un paysage.

64 — Éventail Louis XV à monture d'ivoire, décoré en couleurs et dorure, et gouache représentant Télémaque et Calypso.

65 — Éventail à monture de nacre gravée à ornements rocaille, et feuille peinte représentant un peintre exécutant le portrait d'une jeune femme.

66 — Éventail à monture de nacre et feuille en dentelle blanche.

67 — Éventail à monture de nacre finement ouvragée dans le style rocaille, et feuille peinte représentant la Délivrance d'Andromède.

68 — Éventail à monture d'ivoire sculpté et feuille représentant le Jugement de Pâris.

69 — Éventail Louis XVI à monture d'ivoire ajourée et rehaussée or et argent, et feuille en

soie décorée de trois médaillons peints avec encadrements de paillettes.

70 — Éventail Louis XIV à monture d'ivoire et feuille peinte à ornements dans le goût de Bérain encadrant une marine en camaïeu carmin.

71 — Éventail Louis XV à monture d'ivoire ornée d'applications de nacre et de rehauts de dorure; feuille peinte à médaillons, fruits et paysage.

72 — Éventail Louis XV, monture ivoire découpé, feuille peinte à sujet : Renaud et Armide.

73 — Éventail Louis XV, monture ivoire rehaussée de dorures, feuille gouachée décorée de deux compartiments, paysages et figures.

74 — Éventail, monture ivoire découpé, feuille représentant Vénus et l'Amour.

75 — Éventail Louis XVI, monture en écaille découpée à rehauts d'or et d'argent; feuille peinte représentant une dame à sa toilette.

76 — Éventail Louis XV, monture ivoire découpé à figures et rocailles; feuille peinte représentant Ruth et Booz.

77 — Éventail Louis XV, monture ivoire coloriée et relevée d'or, feuille peinte représentant Éliezer et Rébecca.

78 — Éventail Louis XVI, monture nacre relevée
de dorure, feuille peinte, paysage et palais
en ruines.

79 — Éventail à monture d'ivoire décorée de pein-
tures et feuille à la gouache, villageois dans
un paysage.

80 — Éventail, monture ivoire, à lames dentelées
et coloriées, et feuille peinte représentant
un sujet pastoral.

81 — Éventail Louis XV, monture ivoire découpée
et décorée en couleurs, feuille gouachée en
grisaille à sujet galant, et encadrement
simulant des rubans et des dentelles.

82 — Éventail à monture de nacre rehaussée d'or et
très jolie feuille peinte à la gouache et représentant le Repos des Bergers.

83 — Éventail à monture d'ivoire décorée de pein-
tures et de dorures et feuille à trois médaillons : scènes enfantines peintes à la gouache
sur fond simulant la dentelle.

84 — Éventail Louis XVI, monture ivoire ajouré et
doré, feuille peinte à sujet entre deux médaillons, chiens et fruits.

85 — Éventail, monture ivoire découpé, feuille
représentant Flore et Zéphyr.

86 — Monture d'éventail ivoire orné de plaquettes
de nacre.

87 — Éventail à monture d'ivoire sculpté à figures
et ajouré à feuillages; feuille représentant
un concert.

88 — Petit éventail en ivoire à décor polychrome
représentant une pastorale; au revers, un
paysage.

89 — Éventail à monture d'ivoire ajouré à rocailles
et amours, et gouache représentant les
Moissonneurs.

90 — Éventail Louis XVI à monture d'ivoire découpé et relevé de dorure; feuille en soie
peinte à grand médaillon Louis XVI, et
deux petits cartels décorés d'Amours avec
encadrements et rinceaux en paillettes métalliques.

91 — Éventail Louis XV à monture d'ivoire sculpté
et peint à figurines chinoises, et feuille
peinte : l'Embarquement des pèlerins.

92 — Éventail à monture d'ivoire découpé à
figures chinoises et rehauts d'or, et feuille
coloriée à cinq médaillons dans le goût chinois.

93 — Éventail Louis XVI à monture d'ivoire décoré
or et argent, et feuille à trois cartels, figures
et paysages sur fond argenté.

94 — Éventail Louis XV à monture d'ivoire et
gouache peinte.

95 — Éventail, monture laquée, feuille à sujet chinois.

96 — Éventail à feuille simulant des assignats.

97 — Éventail ancien, monture ivoire, peint avec applications de nacre, et gouache représentant la Partie de cartes.

98 — Éventail, monture en os découpé, et feuille peinte à sujet biblique.

99 — Éventail, monture ivoire découpé, feuille en papier décoré à l'aquarelle.

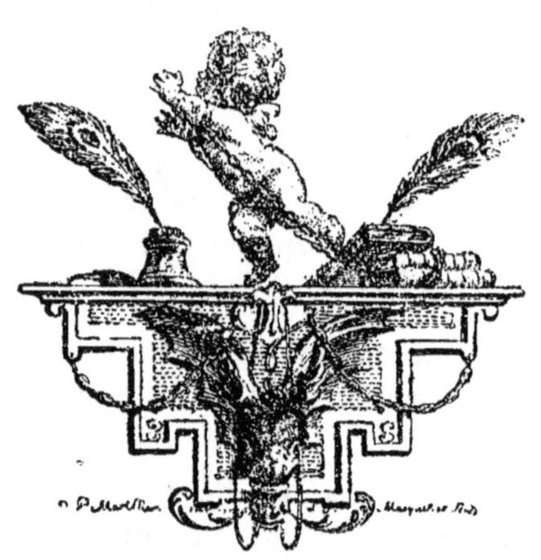

9 782329 534237